I0172644

انتشارات انار

گزارش از منطقه صفر

محمد حاتمی

به خنیاگری نغزآورد روی   که: چیزی که دل خوش کند، آن بگوی

گزارش از منطقه صفر

از نمایشنامه‌های ایران – ۱۰

نویسنده: محمد حاتمی

دبیر بخش «از نمایشنامه‌های ایران»: مهسا دهقانی‌پور

ویراستار: مهسا دهقانی‌پور

مدیر هنری و طراح گرافیک: عبدالرضا طبیبیان

اشعار عربی نزار قبانی، شعر «من آدمم» از علیرضا غفاری

با سپاس از حسین أمهز و ابراهیم سهرابی برای برگردان به عربی.

با سپاس از دیبا نادری برای برگردان به انگلیسی.

چاپ اول: زمستان ۱۳۹۹، مونترال، کانادا

شابک: ۳-۰۷-۹۹۰۱۵۷-۱-۹۷۸

مشخصات ظاهری کتاب: ۵۲ برگ

قیمت: ۷٫۵ £ – ۸٫۵ € – CAN $ ۱۳ – US $ ۱۰

انتشارات انار

نشانی: 746A, Plymouth Av., Montreal, QC, Canada

کدپستی: H4P 1B1

ایمیل: pomegranatepublication@gmail.com

اینستاگرام: pomegranatepublication

پیشکش به
مهاجر غریب و قریب:
بهروز وثوقی

آدم‌های نمایش:

رها شایگان: زنی چهل ساله، بازیگر، نویسنده و مستندساز ایرانی.

جَمیل دولتمند (شیدا): مردی چهل و پنج ساله، اهل افغانستان، نوازنده و خُنیاگر.

شمیل عبدالصاحب رزاقی: مردی چهل و پنج ساله، اهل سوریه، فیلم‌ساز و مستندساز. او را در تصویر می‌بینیم.

سامیرا حکیم: زنی سی ساله، ساله اهل قُنَیطَره، پناهجو در اردوگاه کاله. او را در تصویر می‌بینیم.

حَنانه مُرسِل: زنی سی و پنج ساله، اهل رَقه. او را در تصویر می‌بینیم.

طهورا ماجِد بَشیر: زنی چهل ساله، اهلِ دیرالزور. او را در تصویر می‌بینیم.

مکان: همه سالنهای نمایش یا هرجا که بشود جماعتی دور هم جمع شوند و شاهد ماجرا شوند و یا شنونده و بیننده داستان و اتفاقی باشند.

زمان: از امروز تا هر زمان که به این ترتیب حادثه روی دهد.

(چراغها روشن است و تماشاگران وارد سالن می‌شوند. می‌نشینند. صدای موسیقی فضا را پُر می‌کند. زنی تقریباً چهل ساله وارد می‌شود و روی درروی تماشاگران قرار می‌گیرد. یک میز کوچک و یک صندلی در پشت میز قرار دارد. بر روی میز یک دستگاه لپ‌تاپ و یک چراغ مطالعه و چندین کتاب و پوشه‌های مختلف قرار دارد. زن با اشاره دستش بر لپ‌تاپ، موسیقی را ساکت می‌کند.)

رها شایگان: سلام و درود به شما عزیزان، سپاسگزارم که وقت گذاشتید و امشب اینجا اومدید تا با هم شاهد و شنونده آخرین اثر من باشید، مدتها بود که می‌خواستم فرصتی پیدا کنم تا بتونم قبل از اینکه آخرین کارمو به معرض نمایش بذارم در جلسه‌ای نه چندان پرجمعیت به گوش و چشم عزیزانی چون شما برسونم. بهتره که در آغاز خومو معرفی کنم که اگر قرار شد کسی سؤالی کنه، نقدی داشته باشه، احیاناً نقل قولی کنه برای کسی بعد از این جلسه و یا خدای ناکرده فحشی نثار منو اجدادم کنه اسمم را بدونه... شوخی کردم، البته پنجاه در صد... خب! من رها شایگان هستم، شغل اصلیم کارگردانی هستش و بازیگری و گاه گاهی هم قفسی می‌سازم، با رنگ می‌فروشم به شما، یعنی جسارتاً با قلم نویسندگی خاطرات، ثبت رویدادها و اگر وضع مالی بدی نداشته باشم و بتونم رو کرایه خونه سه ماه آینده‌ام حساب باز کنم و نگرانی نداشته باشم که دارم، بعد از جدل و مجوز و خواهش و اینو و اونو دیدن و البته و صد البته گرفتن نوبت سالن، ماحصل تحقیقاتمو در قالب فیلم داستانی، مستند و یا تئاتر به صحنه یا روی پرده می‌برم. خب تا اینجا برای معرفی خودم کافیه، شاید در دقیقه‌های دیگه و یا توی اثرم بقیه شخصیتمو لو بدم یا معرفی کنم. برسیم به امشب، اگر حاضرید برای اینکه یک نقطه شروع داشته باشیم و حواسمونو ببریم همگی به یکجا، از همه خواهش می‌کنم فقط با رضای دل یا بی‌رضای دل کف بزنید. فرقی هم نمی‌کنه برای کی، من یا خودتون یا هر کسی که میل دارید. (همه دست می‌زنند.) خب این نقطه شروع خوبیه برای امشبمون، من همیشه در کارام به یک نقطه شروع فکر می‌کنم، ولی به

محض اینکه شروع می‌شه دیگه نمی‌تونم نقطه پایانی براش بذارم، البته نگران قرار بعدیتون نباشید، مدیریت سالن این زحمت رو قبلاً کشیده و مدت معلومی رو در اختیار من و شما گذاشته، گفتم نقطه، هرکسی یک نقطه ضعفی داره دیگه، می‌بینید، هرچی میخوام بگم خودش میاد سر زبونم. نقطه رو عرض می‌کنم، پس تا نکته‌های بعدی، یعنی نقطه‌های بعدی، منو شما رو سر درگُم نکرده، بریم سر اصل مطلب یا آنچه که منو شما رو به اینجا کشونده و نشونده. خب! خب! خب! ممکنه چند نفر از شما هم خودتونو معرفی کنید. مثلاً شما خانم... و شما... بله ممنون و شما آقا... سپاسگزارم. می‌شه بفرمایید اهل کجایید؟ (هرکسی بر طبق تمایل، خودش را معرفی می‌کند. شاید به اختصار و شاید با شرح، مثلاً اهل کجا هستند، متأهل یا مجرد و شاید میزان تحصیلات و یا شغل، تا هم کمی همگی آشناتر و صمیمی‌تر شوند و هم در این بین رها شایگان فرصت پیدا کند تا با تم شاگران به طور بداهه شوخی کند.) بله! سپاس از همگی، می‌شد این جمع از هرکجا باشه، به پراکندگی کشور خودمون یا کسانی دیگر در کشور خودمون و یا من مهمان مردم دیگه باشم در کشور خودشون، اصل بودن در کنار هم هستش و اینکه قراره چه چیز گفته و شنیده بشه. (پوشه‌ای را باز می‌کند و ورقهای نوشته شده را روی میزی می‌گذارد و از روی آنها شروع به خواندن و گزارش کردن می‌کند. به انتهای سالن می‌رود و پرده سیکلوی را به پایین می‌کشد.) قبل از شروع خواهش می‌کنم موبایلهاتونو به حالت سکوت دربیارید تا حواس همه‌مون بیشتر جمع باشه و نورش هم کسی رو اذیت نکنه. سپاسگزارم چون من خیلی مقید به این

کار هستم. (موبایل خودش از داخل کیفش زنگ می‌خورد. با شرمندگی و عجله در می‌آورد و به صفحه آن نگاه می‌کند و به آرامی جواب می‌دهد.) مادر جان من به شما زنگ می‌زنم، الآن امکان حرف زدن ندارم. بله! بله! حالم کاملاً خوبه و با دوستان جدیدی آشنا شدم، چشم تماس می‌گیرم. می‌بینید! خب چه کنم که نقطه شروع جالبی بود. بگذریم، این یک گزارشه. از همین حوالی، روی نقشه، شاید کمی دور، کمی هم شاید نزدیک، البته روی نقشه، اما خبرهاش خیلی نزیکه، کم و بیش همه‌مون شنیدیم، امشب سعی دارم این گزارش رو با هم در میون بذاریم، پس بدون مقدمه از اینجا شروع می‌کنم. (با اشاره دست به لپ‌تاپ موسیقی پخش می‌شود و در نوری ملایم رها شایگان از روی کاغذها می‌خواند.) شب است، فقط صدای جیرجیرکها در فضا شنیده می‌شود، صدای امواج آب و سپس فریادهایی از دور دست که به گوش می‌رسند. در تاریک روشن مهتاب، تصویر پاهایی که می‌دوند و می‌آیند و دور می‌شوند، صدای سوتی بلند و ممتد. سپس چندین سوت مقطع و فریاد کسی به نشانه ایست فریاد می‌زند.

(فیلم بر پرده ظاهر می‌شود و در نوری کم رها شایگان روی صندلی می‌نشیند.)

کسی در تاریکی:

Stop! Stop!
توجه! توجه! کسی از جاش تکون نخوره، برای آخرین بار می‌گم ایست! ایست!

Stop! Stop! No body move! Attention! Attention! it's the last time I say that. Stop!

رها شایگان: (در نوری ملایم از روی کاغذ می‌خواند.) صدای فریادها بیشتر و در هم تنیده و دور می‌شوند. دوباره سکوت، صدای پای آهسته کسی به گوش می‌رسد که پیداست قصد دارد با احتیاط حرکت کند. هر از چندگاهی می‌ایستد. جهتش را عوض می‌کند و باز به راه می‌افتد، بلافاصله پشت او پاهای کسی دیگر نمایان می‌شود که او هم به آهستگی قدم برمی‌دارد و ناگهان چیزی از دستش به زمین می‌افتد و با عجله آن را برمی‌دارد و کُنجی می‌خزد، مرد در تاریکی صدا می‌کند و حتماً در حال گریز و برخورد به کسی یا کسانی است که فکر می‌کند در تعقیب او هستند. (بر پرده می بینیم.)

شمیل: (به عربی صحبت می‌کند و ترجمه روی پرده نقش می‌بندد.) فَلتَکُنْ مَنْ تَکُونْ، قِفْ!!... اَنَا مُسَلَّح... اُخْرُجْ مِنْ مَکَانِكْ... ضَّعْ یَدَكَ علی رَأسِكْ... اِنْ کُنْتَ مُسَلّحاً اِرْمِي سِلاحَكَ علی الاَرضْ... لنّ اُکَرِرَ کَلامِي...

ترجمه: هر کی هستی سر جات بایست، من مسلح هستم. می‌گم هر کجا پنهون شدی بیا بیرون و دستهاتو بگذار روی سرت. اگر هم اسلحه داری بنداز زمین. دیگه تکرار نمی‌کنم.

رها شایگان: (از کاغذ می‌خواند.) چیزی شنیده نمی‌شود، فقط صدای نفس نفس زدنهای کسی در تاریکی که گویا ترسیده است. (رها شایگان همه مطالب را طوری می خواند که انگار خودش در صحنه حادثه حضور دارد.)

شمیل: (ترجمه بر روی پرده نقش می‌بندد.)

I count to three.

ترجمه: تا سه می‌شمارم.

One... tow... three! You listen to me? Iwill not repeat.

جمیل در تاریکی: نَچَکان! نَچَکان! راهداری؟ قوماندانی؟ هر کس هستی نَچَکان. (جمیل دستهایش را بر سر می‌گذارد و از دل تاریکی بیرون می‌آید، روی شانه‌هایش دو توبره بزرگ از اسباب است که از خود آویزان کرده، ترسیده و آهسته به جلو می‌آید.) یَک وقت نااهلی نکنی خانه‌ات آباد بِچِکانی! انسانم.

شمیل:

Where are you from? How are you ?

جمیل: جمیلم، یک شیدایی.گم گشته تاریکی، جمیل دولتمند، ازگُم گشتگان این قایق فکستنی.

(صورت مردی چهل و پنج ساله افغان، بر پرده ظاهر می‌شود.)

رها شایگان: (فیلم را پاز می‌کند.) اسمش جمیل دولتمند هستش. ملقب به شیدا، اهل افغانستان، شغلش خُنیاگری، موسیقی‌دان و امشب یکی از آدمهای این گزارش یا قصه. (دوباره فیلم را پخش می‌کند.)

جمیل: نَچکانی! مجال گپ زدن بده کاکا جان، هرکه هستی، جَمع‌گری، قُوماندانی، دستهایم فَراخ است. نچکان!

رها شایگان: (شمیل از دل تاریکی بیرون می‌آید و بر پرده ظاهر می‌شود. چیزی شبیه به اسلحه را زیر دستمالی پنهان کرده و به سوی جمیل گرفته است. رها دستگاه را پاز می‌کند.) این هم شمیل عبد الصالح رزاقی، یک کارگردان و مستندساز

اهل سوریه است که درگریز و پناه بردن به یک جای امن در اینجا گم شده، البته تا یادم نرفته اینو بگم که رزاقی از همکاران من در چند سال پیش، یعنی قبل از جنگ سوریه بود که هم در ایران، زمان دانشجوییم و هم در دمشق تو یک ورک‌شاپ، مدتی با هم کار می‌کردیم، شمیل از یک پدر سوریه‌ای و مادر ایرانی به دنیا اومده. ساکن لاذقیه است که در شمال غربی سوریه واقع شده. این منطقه به عنوان منطقه علویه نام داره. پدرش باغات مرکبات و زیتون داشت، البته بعد ازمدتی دیگه ندیدمش و فقط ارتباطمون از طریق ایمیل و شبکه‌های مجازی بود. قرار بود گزارشی از وقایع چند سال اخیر درکشورشو در قالب فیلمی مستند داستانی به یکی از جشنواره‌های خارج ازکشور ببره که در این گیر و دارگرفتار شد، شمیل چندین بار به زندان افتاد، چشم راستش به دلیل اصابت ترکش خمپاره که به خانه‌اش خورده بود، نابینا شد و این شاید داستان گزارش گونه زندگی درگریز شمیل رزاقی باشه و شاید گزارش داستان‌گونه جمیل دولتمند و یا من و یا همه گریزهای ناگزیرِ نابه‌هنگام. (دوباره تصاویر را به حرکت در می‌آورد.)

شمیل: (ترجمه بر روی پرده نقش می‌بندد.) فَلتَکُنْ مَنْ تَکُونْ، لا تَتَحَرَّكْ مِنْ مَكَانِكْ!! .. وإِلّا.. وإِلّا.. سَتَرىْ مَا لا تُحِبْ!
ترجمه: هرکی هستی ازجات تکون نخور، وگرنه... وگرنه... هر چی دیدی ندیدی!
جمیل: کاکا جان از لَحنَت پیداست تو هم گُم گشته‌ای، خَیرَت است این وقت از شب؟
شمیل: (به عربی و بعد انگلیسی صحبت می‌کند و ترجمه بر

روی پرده نقش می‌بندد.) اذَا ارَدْتَ البَقَاءَ علی قَیْدِ الحَیَاةْ... اِرْجِعْ مِن حَیْثُ اتَیتْ!!

ترجمه: اگر می‌خواهی زنده بمانی راهت را بگیر و برو از همان جا که آمدی.

Can you speak English?

جمیل: Yes, I can کجا بَروَم که دیگر جای رفتنم نیست.

شمیل:

Go! Don't look behinde you.

ترجمه: برو و پشت َسرِت هم نگاه نکن.

جمیل: چگونه پشت سرم را نگاه نکنم کاکا جان؟ که باید روزی به پشت بر خاکش بخوابم.

شمیل:

Don't argue with me.

با من بحث نکن، هَذَا مَا عِنْدِيْ... اِذْهَبْ ... اِذْهَبْ. همین‌که گفتم! برو! برو

جمیل: از سیاهی بیرون شو رخساره‌ات ببینم. از چه می‌هراسی؟ من؟ من که تفنگچه ندارم. این اینسترومنت است، خُنیاگری هستم شیدا. با دستکول بارم و یک جفت چَپَلی ژنده در پا.

شمیل: (ترجمه بر پرده نقش می‌بندد.)اتَتَکَلْمُ الآنْجِلِیزِیةْ؟

ترجمه: انگلیسی می‌دونی؟

What are you hiding under your shirt?

اون چیه زیر لباست مخفی کردی؟

جمیل: yes I can انگریزی فهم می‌کنم، گفته کردم که وسیله خُنیاگریست. سازاست. جنگ نمی‌فهمد. زبانش فقط عشق

است و بس.

A musical instrument.

(جمیل عقب عقب می‌آید تا جایی که از پرده بیرون می‌آید و با دستانی بر روی سر، پشت به حاضرین سالن می‌ایستد.)

جمیل:

Is that enough or should I go on?

جور باشی، همین‌قدر بس است یا بازبیایم؟

Should I or shouldn't I?

بیایم یا نیایم؟ چه کنم؟ تکلیفمان چیست کاکا جان؟ (آهسته سر بر می‌گرداند و اطراف را نگاه می‌کند ولی کسی را نمی‌بیند و از مکان جدیدش متعجب می‌شود، جمیل از پرده بیرون می‌آید، چشمش به رها شایگان می‌افتد.) تو کیستی خواهر جان؟

Who are you?

رها شایگان: نمی‌تونم درست برات بگم، شاید دیر متوجه بشی، ولی بعداً می‌فهمی. تو الآن از قصه من بیرون اومدی. یعنی نمی‌دونم چی شد که اینجا دراومدی، قرار نبود باشی... یعنی اینجا... من داشتم داستانی رو نقل می‌کردم... خدایا چی دارم می‌گم! ببین آقای شیدایی...

جمیل: جانت جان باشد، شُهرَتم از کجا فهم کردی؟

رها شایگان: ببخشید یه کم توضیحش برام سخته... اجازه بدید عرض می‌کنم.

جمیل: خیریت باشد، ندیدی چه کس سوی من تفنگچه

نشان رفته بود؟

رها شایگان: نخیر، من که نبودم.

جمیل: پس که بود؟ مگر اینجا هم قیود شبگردیست؟ اینجا که سه صد مایل از خانه دور است. اینجا چَگَر می‌زنی؟ من مانده‌ام حیران و آواره، تو چه مِی‌کنی، چی گَس هستی؟ یک زن تنها در این دیار چه می‌کنی؟

رها شایگان: من توضیح می‌دم خدمتتون، چند لحظه به من اجازه بدید. (رها شایگان هاج و واج و رو به حاضران نشسته در سالن) ببخشید دوستان! یک مشکلی پیش اومده که منم مثل ایشون گیج شدم. قرار من این بود قصه جدیدمو که از زبان دوستم که به شکل حکایت‌نامه یا سفرنامه ناخواسته بوده، برای شما تعریف کنم. به اینجا رسیدم...

جمیل: (اطراف را می‌نگرد.) با که گپ می‌زنی؟ تو هم سرگردان این شب حیرانی غریب‌گز شدی؟

رها شایگان: بله... خیلی وقته، ولی کمی داستانم با شما فرق می‌کنه.

جمیل: مرا از کجا می شناسی؟

Where do you know me from?

رها شایگان: من جوابتو دادم، یعنی زبونتو می‌فهمم، لازم نیست انگلیسی بگی. اسمم رهاست، شغلم فعلاً نویسندگی و شاید لحظه‌ای بعد بازیگری و کمی کارگردانی...

جمیل: هی روزگار... به بازیگری ماند این چرخِ مست، که بازی درآرد به هفتاد دست، ببین چه روزگاری شده که زندگی آدم به یَک دوتایی پَشه بند است. اینجا امن است؟ اگر دشمن با جیپ گز بیایید جای پَسه‌پَله داری؟

رها شایگان: در حال حاضر، بله امنه، نگران نباش.
جمیل: چیزی بُپرسان شوم؟
رها شایگان: بله حتماً
جمیل: یک کس را ندیدی که از اینجا هراسان طی شده باشد؟
رها شایگان: تا الآن که من اینجا هستم، کسی رو ندیدم، فقط صداهایی می‌اومد که نفهمیدم از کجاست. (رو به حاضران در سالن) ببخشید مجبورم برای پیش بردن داستانم کمی خودمو داخلش رها کنم. نمی‌دونم از این به بعد چی پیش میاد، ولی ترجیح می‌دم مقاومت نکنم، پیشنهاد می‌کنم شما هم با من همراه بشید. (رو به جمیل) داری از کجا میای؟
جمیل: با که گپ میزنی؟ اوهام داری؟
رها شایگان: نه! با شما هستم. ببخشید شما از کجا می‌آیید؟
جمیل: تو بگو اینکه اینجا کجا هست، تا من هم بگویم از کجا آمده‌ام، آمدنم بهر چه بود.
رها شایگان: عرض کردم توضیحش کمی سخته، خودم هم نمی‌دونم، یعنی می‌دونم، فقط نمی‌تونم واضح شرح بدم.
جمیل: چرا قیقاج می‌کنی؟ این زمین اسم ندارد؟
رها شایگان: اینجایی که من هستم اسم داره، اما اینجایی که تو اومدی... چه جوری بگم؟!
جمیل: خب یَک جورکم ازکم بگو خوش، نامش چیست خلاص؟
رها شایگان: بگذار نامشو بذاریم صفر، تا بعداً معلوم بشه کجاست. این‌جوری تکلیف هر دومون روشن‌تره.
جمیل: صفر؟!

ای صفر اعتبار خیال جهان پوچ
شرمی ز خود شماری چندین هزار و هیچ

رها شایگان: از کجا میای؟

جمیل: از آن سوی روی آب، توی آن قایق که چپّه شد با همه کس...

رها شایگان: قایقتون غرق شد؟ پس بقیه کجان؟

جمیل: نمی‌دانم من غوطه‌ور بودم و غلطان. با جان‌سختی خودم را رساندم به ساحل نجات.

رها شایگان: پس این صداها از اون‌ور بود که کمک می‌خواستند!

جمیل: حوالی سر شب بود که قاچاق‌بَران آمدند سراغمان. راه‌بلد ما را سوار کرد، بعد از دو ساعت انتظار راه افتادیم، بالای سرمان یک کَس با تفنگچه اِستاده بود، از ما یورو خواست برای کرایه، به انگریزی گفتم: I have paid before پولش را قبلاً داده‌ام، گفت مجبوری. مجبور بودیم. ما دادیم و او هم ستاند و ما را رها کرد.

رها شایگان: داشتی کجا فرار می‌کردی، به کدوم کشور؟

جمیل: چی رقم گپ می زنی؟ فرار چه هست؟ شیدایی و فراری؟ ازَ شبرغان، از ولایات فَریاب، خبر رسید جَدَم عمرش را داد به شما و شتافت به دیار باقی، به سرسلامتی رفته بودم، اما کسی را نیافتم، چطور پیدایش کرده می‌تانم؟ همه رفته بودند، یک هفته بعد به دنبال اقوام به میمنه و بعد بَغلان و بعد چایکار از ولایت پَروان رفتم و نیافتمشان، گفتند گریزان شدند از دست اشرار به بلخ. روان شدم آن‌سو بجویمشان، نیافتم. رَستاق از تَخار، بَدخشان و فاریاب و سمنگان و پکتیا، همه‌جا را زیر پا نهادم، آبی شده بودند فرو

بر زمین. همه‌جا وَیران شده بود و همه‌کس در گریز. به یک دست خط به نشانه، من هم راهی شدم به اجبار. همه ویلان ماندن بی‌سر و عائله. نمی‌دانم در سیاهی شب، توفیق برادرم چه شد! ماه‌جبین به کدام سو گریخت و شادگُل فریادش کجا خاموش شد. فقط این سیاهه از توفیق برایم به جامانده که در پیَش بروم. حال چه کنم خواهرم در این شبِ وِیرانی؟ حال چه کنم برای آنان که در دریا نفس کشیده نمی‌تانند.

رها شایگان: قصد داری چه کار کنی؟ نمی‌تونی بدون مجوز و پاسپورت از مرز رد بشی، گیرت میارن و دوباره برت می‌گردونن جای اولت. مگر اینکه بخواهی مهاجرت کنی.

جمیل: هی خواهر... از چه بگویم که گفتنم همه درد است و رنج. (کاغذی از جیب در می‌آورد و به رها نشان می‌دهد و می‌خواند.) دو ماه پیش، تورپیکی پسر عمویم نیویشته است، کاغذ از اوست. (از روی کاغذ می‌خواند.) برادر جان ما به ناچار به ترکیه رفتیم. در هر اتاق بدون پنجره پانزده تن که بیشتر می‌خوابیم، برای رفتن به دستشویی هر بیست و چهار ساعت فقط دو بار آن هم با نگهبان و هر سه روز یک بار برای حمام بدون دوش و آب گرم. فردای آن روز، در موتوری که ظرفیت پانزده کس را داشت چهل زن و مرد را سوار کردند، هوا گرم و داخل موتورکشنده، آب معدنی بیست و پنج یورو، چند فلسطینی و سوریایی و افغان نزاع می‌کردند. بعد از هجده ساعت به نیزاری رسیدند، قایق بادی نه متره رسید. چهار صبح رسیدند، اما خبر رسید که دو قایق پیش از ما با هفتاد مسافر غرق شدند، دوباره برگشتیم به نقطه مرزی، قرار شد با قایق تیزپَر با دو هزار و پانصد یورو ما را به یونان برسانند. بالاخره به ساحل رسیدیم و منتظر

پولیس شدیم، اولین بار بود که در عمرم منتظر پولیس بودم که بیاید و ما را دستگیر کند، آمدند و ما را برای انگشت‌نگاری بردند، آنها به خاطر لهجه هراتی‌ام هویت مرا ایرانی ثبت کردند. گفتم من افغانم، خبرنگارم، فیس‌بوکم ببینید، با رئیس‌شان گپ زدم. ورق برگشت و ما را به کمپ بردند و فردایش زندان، از کسان و همسفرانم پرسان شدم، همه در دریا پرت شده‌اند، گفتند برای شناسایی باید به سردخانه برویم. همه آنجا بودند، کنار هم، جاهد، چمن‌گُل، حافظ، بشیره، ناجیه هفت ساله، ماه‌جبین...

رها شایگان: حکایت عجیبیه این خاک... این خاک به ظاهر دور و خشک و مهجور در نظر، چهارراه فرهنگهای باستانی... به قول قدیمیها، میان‌رودان. گلوگاه یورشِ مهاجمان و جهان‌گشایان، جاده ابریشم و محل پیوند تمدنهای بزرگ و مرکز بازرگانی عصر باستان... همه‌اش درد و آلام و رنج.
دست با سنگ بلند شد.
شیشه پنجره ما به زمین خورد و شکست
فریاد زدم، شیشه پنجره ما را که شکست؟
دست می‌گوید سنگ
سنگ می‌گوید دست

(جمیل بساطش را پهن می‌کند و می‌خواهد اسبابش را وارسی کند. سازش را پاک می‌کند و زخمه می‌زند و نغمه سر می‌دهد. در خیالش سرزمینش را از نظر می‌گذراند و محبوبش چون سایه‌ای رقصان بر پرده جان می‌گیرد.)

جمیل:

همش درد، همش رنج، همش غم
همین قسمت من بوده از عالم
همش گوشه‌ای به تنهایی نشستن
همش شبهای بی مید شکستن
بچه نشو ای دل عشقو فراموش کن
تا نشوی رسوا حرف مرا گوش کن
بس است دیگر بس است دیگر هی هی سوختم
شعله را خاموش کن شعله را خاموش کن

(رها شایگان یاداشت هایش را برمی‌دارد و با اشاره لپ‌تاپ را روشن می‌کند و بر پرده تصاویر، می‌خواند. تصاویر حکایت از جنگهای افغانستان دارد. ویرانی آتش و بی‌خانمانی هزاران زن و بچه کوچک و بزرگ.)

رها شایگان: بیست و هفت آوریل هزار و نه صد و هفتاد و هشت درپی کودتای نظامی حزب دمکراتیک خلق، علیه دولت محمد داوود خان رئیس جمهوروقت، با نام انقلاب ثور، جنگ افغانستان شروع شد و در دسامبر هزار و نه صد و هفتاد و نه جنگ شوروی در افغانستان شروع شد و گروههای شورشی مجاهدین افغان با پشتیبانی آمریکا، عربستان و پاکستان برعلیه شوروی وارد جنگ شدند. حفیظ‌الله امین رئیس جمهوروقت را ترورکردند و نورمحمد تَرَکی رئیس دولت شد و جناح مخالف به رهبری بَبرَک کارمل را به قدرت رساند، حکومت کمونیستی سه سال به رهبری محمد نجیب‌الله دوام آورد و در سال هزار و نه

صد و نود و شش با تصرف کابل به دست مجاهدین سقوط کرد، بعدها حضور گلبدین حکمتیار به عنوان نخست وزیر و بمباران کابل از طرف گروههای مخالف همه را در جنگ خونینی گرفتار کرد. در زمستان هزار و نهصد و نود و پنج احمد شاه مسعود وزیر دفاع دولت اسلامی موفق شد مخالفان را بیرون کند ولی در همین حال جنبش طالبان در قندهار پدید آمد و باز هم جنگ. ائتلاف شمال و مخالفان طالبان موفق شدند طالبان را شکست بدهند و دولت دمکراتیک حامد کرزای را جایگزین کنند، ولی جنگ داخلی هنوز ادامه داشت. شبکه حقانی و حزب اسلامی حکمتیار مهمترین گروه‌ها بودند، که با نیروهای خارجی و دولت جدید افغانستان وارد جنگ شدند.

جمیل: (در گوشه‌ای نشسته و سازش را پاک می‌کند. بقچه‌ای در می‌آورد و پهن می‌کند که در میان آن خوراکی است.) بیا این اسمش لقمه گاوی است. بچولیم و گپ بزنیم.

رها شایگان: (رو به تماشاگران) اِ ببخشید شما رو فراموش کردم. البته نمی‌تونم تعارفتون کنم ولی یک جوری همراهیتون می‌کنم که هم با ما باشید و هم ایشون هراسون نشن. بعداً سر فرصت این قضییه رو با هم حل می‌کنیم.

جمیل: تو هم هوایی داری خواهر جان. جانت جان باشد و مانده نباشی. چی بود نامش اینجا؟

رها شایگان: منطقه صفر

جمیل: همین صفر... بیدل می گوید انسانی که در عالمِ کثرت به سر می برد، حیثیت یک صفر را دارد. به تنهایی اگر هزار هم باشد رقم مجهولی است. بدون عدد یک، عالم وحدت مفهوم روشنی ندارد. این صفر اعتبار است. بیا، بیا که جمله کار جهان

هیچ بر هیچ است، هزار بار من این نکته کرده‌ام تحقیق. بخور جا نمانی و شرمنده سفره نشوی. پیشه‌ات چیست؟

رها شایگان: فیلم‌سازم، عکاس، کمی هم دست به قلم.

جمیل: یک زن؟ صد آفرین، پس هُنر پیشه داری، ثبت می‌کنی، کار بزرگی می‌کنی، چیزی که تو را و مرا از خُردی به کَلان می‌کند، کاری است که انجام می‌دهیم. نه تفاقی که برایمان رُخ می‌دهد.

رها شایگان: دارم سعی می‌کنم گذشته رو به یاد همه بیارم.

جمیل: به یاد آوردن گذشته‌ای که نتواند به حال مبدل شود، بیهوده است، مصروف چه هستی؟ به کارت ایمان داری، عشق داری، یا فقط کار داری؟

رها شایگان: منظورتو نمی‌فهمم؟

جمیل: ایمان رابطه خصوصی با خدا است. ایمان شور اعظم است. ایمان وجود ندارد مگر اینکه رویدادی تاریخی در کار بوده باشد. مرغ مهاجر دیده‌ای به چشم؟

رها شایگان: بله تو فیلمها زید دیدم... فیلمهای مستند تلویزیون... گاهی هم توی سفرهام.

جمیل: قوم ما مانند مرغ مهاجر است، یک جای ماندن نداریم، یک جای رفتن، دوری از وطن، دوری از کاشانه، مدام داغ گوشه کنایه شنیدن، شانزده سال در خراسان بودم، نفهمیدم مجاورم یا مهاجر، ماندنی‌ام یا رفتنی، تن دادم به مهاجرتِ اجباری. هیچ تنی بی‌وطنی نمی‌خواهد مگر از سر اجبار.

رها شایگان: حالا قصد داری کجا بری؟ بری دنبالشون؟

جمیل: قصد از مقصود می‌آید خواهر جان. درحال‌که همه‌جا بیر و بار است و روی همه آواره، گذر ما آنجا نمی‌شد، هیچ‌کس غمخوری ما نکرد، جنگ است و بیداد اما جنگ انکار کرامت

نیست، اما این بار از بد حادثه قصد گریز کردیم. (صدا می‌آید و جمیل هراسان بقچه خود را جمع می‌کند و به اطراف می‌دود و به هرسوی نگاه می‌کند.) چه بود؟ آمدند؟ خواهرم مخفی شو، الآن حاضر است که بریزند سرمان، زود شو جانِ برادر! (در گوشه‌ای پنهان می‌شود.)

رها شایگان: (رو به تماشاگران از روی یادداشتهایش می‌خواند.) مهاجرت یعنی کوچ از یک ملیت و کشور به دیگر جای که در آنجا دیگر صاحبش نیستی. یعنی جابه‌جایی از جایی به جایی، شاید به دلیل فقر، بیماری، مسائل سیاسی، کمبود غذا، جنگ، بی‌کاری وکمبود امنیت. (ویدیو را روشن می‌کند و تصاویر مهاجرت بر پرده نقش می‌بندد.) بر طبق آمار سازمان ملل متحد در حدود صد و نود میلیون مهاجر بین‌المللی در سال دو هزار و پنج وجود داشته که سه درصد از کل جمعیت دنیا را شامل می‌شه. نود و هفت درصد بقیه جمعیت دنیا در کشورها و محلهایی زندگی می‌کنند که به دنیا آمده یا خانوادگی زندگی کرده‌اند. گاهی اوقات مهاجرت قانونیه و گاهی هم غیر قانونی، بعضی کشورها برای گردش صنعت و اقتصادشون به نیروی ارزان احتیاج دارند، ولی علت اصلی مهاجرت جنگ، نا امنی، بیماری، قحطی و جست و جو برای امنیت هستش. (ناگهان متوجه می‌شود که جمیل هراسان به این طرف و آن طرف می‌دود.) کجا رفتی؟ چرا می‌دویی؟ اینجا که کسی نیست.

جمیل: هست خواهر جان، هست. یعنی بود. نمی‌دانم کجا پناه گرفت.

رها شایگان: از کی حرف میزنی؟ اینجا که غیر از منو تو کسی نیست.

جمیل: جورباشی، اگر نبود و نیست پس تو با که گفته می‌کردی؟
رها شایگان: با خودم، مرور می‌کنم، کارم اینه.
جمیل: الآن؟ اینجا؟ در این شب هَراس؟
رها شایگان: چایی می‌خوری؟ بیا اینجا بشین، برم برات بریزم. گلوت تازه بشه.

(جمیل با احتیاط کنار میز رها می‌رود و می‌نشیند، رها برای آوردن چای بیرون می‌رود، تصاویر شب و صدای دریا در فضا می‌پیچد. مردی با سر و صورت پوشیده با شال پشت به ما در تصویر ایستاده و دریا را تماشا می‌کند. او همان شمیل رزاقی، مردی سوریایی و فراری در شب است و صدایش شنیده می‌شود.)

شمیل: (کلام و تصویر شمیل بر پرده دیده می‌شود. ترجمه بر روی تصویر نقش می‌بندد.) «أنتِ لا تَسْتَحِقّينَ البَحْرَ أَيَّتُهَا البَيرُوتِيّةُ .. ولا تَسْتَحِقّينَ بَيرُوتَ .. فمُنْذُ عَرَفْتُكِ .. وأنتِ تَقْتَرِبينَ مِنَ البَحْرَ .. كَرَاهِبَةٍ خَائِفَةٍ مِنْ الخَطِيئَةِ .. تُرِيدُ مَاءً بِلا بَلَلٍ .. وبَحراً بِلا غَرَقٍ .. وعَبَثاً .. حَاوَلتُ أنْ أُقْنِعَكِ .. أنْ تَخْلَعِي نَظّارَتُكِ السَوداءْ .. وجَوارِبَكِ السَمِيكَةْ .. وسَاعَةُ يَدِكِ .. وتَنْزَلِقِي فِي المَاءِ كَسَمَكَةٍ جَمِيلَةٍ .. ولَكِنَّنَي فَشِلتُ .. وعَبَثاً حَاوَلْتُ أنْ أشْرَحَ لَكِ .. أنَ الدُوّارَ جِزْءٌ مِنَ لبَحْرْ .. وأَنَ العِشْقَ فِيهِ شَيءٌ مِنَ المَوتْ .. وأنَ الحُبَّ والبَحْرَ .. لا يَقْبَلانِ أَنْصَافَ الحُلُولْ .. ولَكِنَنَي يَئِسْتُ مِنْ تَحْوِيلَكِ الى سَمَكَةٍ مُغَامِرَةٍ .. فَقَدْ كَانَتْ كُلُّ شُرُوْرَكِ بَرِيَّةٌ .. وكُلُ أفْكَارِكِ بَرِيَّةٌ .. لِذَلِكَ أبْكِي عَلَيكِ يَا صَدِيقَتِي .. وتَبْكِي مَعِي بَيْرُوتْ .»

ترجمه: تو نه لایق دریا هستی و نه بیروت. از روزی که دیدمت، راهبه‌ای گناهکار بودی. آب را بدون خیس شدن می خواستی و دریا را بدون غرق شدن. بیهوده سعی می‌کردم قانعت کنم که آن عینک سیاه را از چشمانت برداری و جورابهای ضخیم و ساعت مچی‌ات را دربیاوری و مثل ماهی زیبایی در آب لیز بخوری.

(جمیل حیران به شمیل می‌نگرد که با غصه حرف می‌زند و گویی شعری می‌خواند.)

جمیل: تو هم گمگشته داری و خود گم گشتی؟
شمیل: : فِی هٰذَا الْمَکٰانَ الْمَجْهُوْلْ،
ذَهَبَ الجَمیِعُ... بَقیِتُ وَحیِداً....
مَاالَذِی جٰاءَ بِکَ اِلیٰ هُنٰا؟
ذَهَبَ الجَمیِعُ وَ بَقیِتُ فِی هٰذَاالْمَکٰانَ الَّذِی لاٰاَعْرِفُ اَیْنَ.
همه رفتند و من جا ماندم در این نقطه که نمی دانم کجاست،
مٰاذٰا تَفْعَلُ هُنٰا؟ تو اینجا چه می‌کنی؟
جمیل: عربی فهم ندارم. انگریزی بگو، شصت درصد فهم می‌کنم.
شمیل:

Where is this place?

اینجا کجاست؟
جمیل: پس تو هم شصت درصد زبان مرا فهم می‌کنی.

(شمیل با صورتی از اشک خیس شده برمی‌گردد و اشکهایش را با شالش پاک می‌کند. نامه‌ای در دست دارد و می‌خواند.)

شمیل: (ترجمه بر روی پرده نقش می‌بندد.)عَزِيزِي شَمِيلْ، لَقَدْ تَمْتْ اِعَادَةُ المَجْمُوعَةُ الاوُلَیٰ مِنَ اللاجِئِینَ صَبَاحَ يَومِ الثُلاثَاءْ ۱۸ نُوفَمْبِرْ الی تُرْكِيا.. وَوَصَلَ عَدَدٌ مِنْهُمْ عَبْرَ قَارِبٍ اِنْطَلَقَ مِنْ تُرْكِيا الی جَزِيرَةِ لِيسْبُوسْ اليُونَانِيةَ .. الجَزِيرَةُ مُرَاقَبَةٌ بِشِدةٍ مِنْ قِبَلِ الشُرْطَةِ اليُونَانيةْ.. هُنَاكَ العَدِيدُ مِنْ ضُبَاطِ الوِكَالَةِ الاوروبِيةِ لِحِمَايَةِ الحُدُودِ مِنْ عِدَةِ دُوَلٍ جَاؤُوا الی جَزِيرَتَيْ لِيسْبُوسْ وخِيُوسْ لِاِشْرَافِ عَلی عَمَلِيةِ تَرْحِيلِ اللاَجِئِينْ.

ترجمه: شمیلِ عزیز اولین گروه از پناهجویان صبح امروز سه‌شنبه هجده نوامبر به ترکیه بازگردانده شدند و شماری دیگر با یک قایق بادی از ترکیه خود را به جزیره لِسبوس یونان رساندند. جزیره توسط پلیس یونان به شدت کنترل می‌شود، عده زیادی از مأموران آژانس حفاظت از مرزهای اروپایی ازکشورهای مختلف به جزیرهای لسبوس و خیوس آمده‌اند تا روند اخراج پناهجویان را عملی کنند.

جمیل:

Are you Syrian?

سوریه‌ای هستی؟

شمیل: Yes (با لهجه غلیظ اما به فارسی) من فارسی بلد هستم، مدت چهار سال در ایران تحصیل کردم و بعد عازم شدم لاذقیه نزد خانواده.

جمیل: پس اینجا چه سر می‌کنی؟ در منطقه صفر که هیچ معلوم نیست صفرِکجا هست.

شمیل: سه سال پیش خانواده و اقوام از لاذقیه و دیرالزور راه افتادند به قصد مهاجرت و پناه. عمویم در راه کشته شد، بقیه

قصد عزیمت به ترکیه رو داشتند، که رفتند و ماندند. به راحتی در ترکیه زبان بلد شدند. پسرها در تابستان مو زَرد می‌کردند تا یکی شوند. بعد تصمیم گرفتند خود رو به گوتنبرگ برسانند. مسیری رو انتخاب کردند که مهاجران زیادی از آنجا عبور داشتند، سواحل ترکیه به اروپای شمالی. از استانبول تا گوتنبرگ از راه آب و خشکی روی هم دوهزار و پانصد مایله. می‌دونی چقدر راهه؟ چهارهزار و بیست کیلومتر. مسیر استانبول گوتنبرگ با خرج قاچاقچی حدود سه هزار یورو هزینه برمی‌داره، هشت ماه پیش دستشوگرفتم و گفتم نرو! بمان! می‌دونستم دیگر نمی‌بینمش، خودشو به ازمیر رساند، نفری هزار و دویست دلار بابت یک مسیر ده مایلی تا جزیره آگاتونیزی به قاچاقچی داد. چهل و هشت نفر در یک قایق مستعمل به طرف جزیره ساموس و از اونجا به آتن و بعد زمینی تا مقدونیه. تو خیابونها می‌خوابیدند، هیچ کس سوریها رو آدم حساب نمی‌کنه، انگار مرض لاعلاج... به بلگراد رفتند و در یک محله فقیرنشین جا گرفتند. مجارستان دروازه شرقی بود. منطقه شنگن، بعد از آن دیگه مرزی وجود نداشت، سلیم را گرفتند و نامش رو ثبت کردند، وارد منطقه بدون مرز اتحادیه اروپا شده بودند. نفری پنجاه یورو به پلیس دادند برای رشوه، تا تحویلشان ندهن، مرز آخر هم دانمارک و سوئد، وسط تنگه اوره سوئد بدون هیچ علامت و نشانی، اونجا اگه از دور دست صدای قطار شنیدی و صدای اُپرا، می‌شود سوئد. همه رفتند اما سلیم در آب جا موند، روی سینه‌اش کاغذی چسبانده بود با سنجاق. من یک پناهجوی سوریه‌ایم. اگر رسیدم، از کشور سوئد در خواست پناهندگی دارم. دست‌خط خودش بود اما بر جسدش.

(شمیل فرو می‌ریزد و شالش را بر سر می‌کشد و می خواند. صدای موسیقی عربی اوج می‌گیرد، شعر بر پرده نقش می‌بندد. تصاویر پناه‌جویانی که در صف انتظارند، تصاویر جنگ و قحطی و هجوم مردم غیر نظامی در پشت سیمهای خاردار دیده می‌شود. ترجمه بر روی پرده نقش می‌بندد.)

یا بَلَدی مَسْقَطَ رٰاسی، یا مَدینَتی.
عِنْدَما تَهُزَّالرِیاحُ سَتائِرُ مِنَ الْغُرْفَةِ
وَاَتَذَکَّرُ حُبِّکَ الشَّتَوِیُّ
فی ذٰلِکَ الْوَقْتْ، سَوْفَ یَلْجَأُ فی الْمَطَرِ لِلْوُصوُلِ اِلٰی اَرْضِ الأُخْرٰی
وَالطْلُبُ مَلْجَأُ فِی الله لِمَسْحِ فَصْلَ الشِّتٰاءِ مِنْ تَقْویمِهِ
فَصْلَ الشِّتٰاءْ
یا بَلَدی مَسْقَطَ رٰاسی، یا بَلَدَ اُمّی.
ترجمه: ای زادگاهم! ای شهر من!
وقتی باد پرده‌های اتاق را به اهتزاز در می آورد و مرا
عشق زمستانی‌ات را به یاد می‌آورم.
آن هنگام، به باران پناه می‌برم تا به سرزمین دیگری ببارد.
و به خدا تا زمستان را از تقویمش پاک کند.
چون نمی دانم بی تو چگونه زمستان را تاب آورم.
ای زادگاهم! ای سرزمین مادری!

جمیل: پاری اوقات سخنانی بر لوحی در تاریخ نوشته می‌شود، با اینکه هزار سال ازپی‌اش بگذرد اما تا به امروز به هنگام به نظر می‌آید. که می‌داند که چه چیز باید بماند و چه چیز باید برود؟

(تصویر شبانه دریا و صدای موجهای آن شنیده و دیده می‌شود، تصویر شمیل محو می‌شود و فقط صدای دریا باقی می‌ماند.)

رها شایگان: (کنار میز می‌آید و لپ‌تاپ را روشن می‌کند و تصاویر بر پرده می‌افتد. تصاویری از صفوف پناهندگان در پشت مرزهای بسته، هجوم پناهجویان سوری در پشت سیمهای خاردار، پناهجویان در قایق و لحظات غرق شدن یا برگرداندن پناه جویان. بر روی تصویر گزارش را می‌خواند.) کمپ مهاجرین در نزدیکی شهر کاله در شمال فرانسه، مملو از مهاجرانی است که از سودان، اریتره، اتیوپی، افغانستان و سوریه آمده‌اند. از زمان بسته شدن مرکز پذیرش مهاجران در سنگت در سال دو هزار و دو میلادی، آنها در جنگلهای اطراف زندگی می کنند. دو هزار مهاجر در منطقه کاله، تنها یک هدف دارند، اینکه به آن سوی کانال مانش در بریتانیا برسند. موافقت‌نامه دوبلین به هر یک از کشورهای اتحادیه اروپا این اجازه را می‌دهد که مهاجران غیر قانونی را به کشورش بازگرداند که برای اولین بار وارد شده‌اند. ناآرامی‌های سوریه در مارس دو هزار و یک شروع شد و با آغاز سال دو هزار و دوازده این شورش به جنگی میان گروهای تکفیری تبدیل شد. حملات گروه‌هایی مانند داعش، جبهه‌النصر ثمره‌ای جز ویرانی برای مردم نداشت، بیست و پنج هزار کشته.

(تصاویر آوارگان در بیرون شهرهای مرزی، صدای جیغ و فریاد آوارگان طنین‌انداز می‌شود و در پی آن صدای تیر و مسلسل. شمیل در تصویر است و جمیل بیرون از پرده در خیال با او

حرف می‌زند.)

جمیل: (هراسان از خواب می‌پرد.) چه شده است؟ ما کجاییم؟ بیداریم؟ خوابیم؟ رسیدیم سوئد؟

شمیل: بلند شو افغانی! !Wake up افغانی! !Wake up

جمیل: من افغانی نیستم. افغانم. پول که نیستم، انسانم. نام پولم افغانی است. چه شد؟ خانه‌ات آباد، آمدند؟ رفتند؟ ما کجا هستیم؟

شمیل: هنوز در منطقه صفر. چه می‌کنی برنامه‌ات چیه؟

جمیل: وقتتان خوش، در حال که پروگرام ندارم. اینجا هم که برای ساعت تیری نیامدم، تا صبا شود، چشمم ببیند کجا هستیم و به کدام سو روان شوم.

شمیل: بری؟ مگر راه بلد داری؟ تنهایی؟ رفیق نیستیم مگر؟ حال از اتفاق یا بد حادثه...

جمیل:

رسم ما آوارگان ترک وفای دوست نیست.

رسم ما دریادلان خشکیدن احساس نیست.

ما محبت را به نام دوست ارزان می‌کنیم.

تا صداقت زنده است ما هم رفاقت می‌کنیم.

(شمیل به سمت دریا برمی‌گردد و در تاریکی گم می‌شود. صدای امواج دریا و موسیقی به گوش می‌رسد. از میان تاریکی رها شایگان با دو لیوان چای می‌آید و اطراف را نگاه می‌کند اما جمیل را نمی‌بیند. چای را بر روی میز می‌گذارد و روبه‌روی تماشاگران می‌ایستد.)

رها شایگان: خب تا اینجای قصه رو رفتیم. بعضی جاهاش هم ناخواسته ما رو برد. دست منم نبود، پیش اومد. یک مَثَل قدیمی می‌گه، وقتی ماهیگران ماهی میخوان و اطرافشون ماهی تازه پیدا نمی‌شه، قایقها بزرگتر می‌شن و مسافتها دورتر. فکر می‌کنید چی می‌شه؟ منظورم آدمهای قصه نیستند. مقصودم اصل و نفس کاریه که می خوان بکنن. دلم می‌خواد شما هم چیزی بگید. مثلاً شما آقا! بله شما! شما اگر جای هر کدوم از این شخصیتها بودید چه‌کار می‌کردید؟ اصلاً هر کی دوست داره می‌تونه حرف بزنه و نظرشو بگه. در مورد مهاجرت و مرزبندی... بگید خجالت نکشید... نمایش ما خاصییتش به همینه، پس شروع کنید.

(در اینجا رها شایگان نظرات را باید بدون جواب بگذارد و فقط تماشاگران را وارد و مایل به حرف زدن کند و در عین حال جلسه نمایش را کنترل کند. این نظرات نباید بیشتر از پنج دقیقه طول بکشد. پس رها باید مرتب ساعتش را نگاه کند و از تماشاگران مختلف نظرات کوتاه بگیرد و جلوی جمله‌های بلند را سد کند تا ریتم ایجاد شود.)

رها شایگان: عالیه! فکر کنم تا اینجا حسابی فهمیده باشیم که به تعدامون نظرات مختلفی وجود داره. تنوع در نظر، یک سوال... اونا چرا فرار می‌کنن؟ چرا؟ در نامه‌ای از دوستم شمیل رزاقی نوشته شده در ماه ژوئیه دو هزار و یازده نیروهای امنیتی چندین کارگردان شاغل در بخش دولتی از جمله محمد ملص و نبیل المالح را دستگیر کردند و در نوامبر همان سال فضال

حسن که برای سفری معمولی جهت اخذ پاسپورت برای شرکت در جشنواره فیلم خارجی رفته بود، به مدت بیش از یک ماه بازداشت شد. او در نامه خودش به مسئولین نوشته بود؛ ما باور داریم هیچ اصلاحاتی کافی نیست، مگر اینکه شروع آن با پایان کنترل بدنهایمان از طرف نیروهای امنیتی و اتمام این دوره شرم‌آور زندانها و محکومیتهای سیاسی همراه باشد و نتیجه همه کارها و فعالیتش شد، آوارگی و تبعید. اینم یک جورشه...

(جمیل از انتهای سالن وارد می‌شود و در پی حرفهای رها می‌گوید.)

جمیل: تبعید انسانهای برگزیده از عادات زمان است.
رها شایگان: کجا رفتی؟ برات چای آوردم سرد نشه! بخور.
جمیل: سردی به قلبت و به وجودت نیاید. تو که شایگانی، شایسته‌ای و ممتاز
رها شایگان: شاعر هم که هستی
جمیل: شاعرکه نه، خُنیاگر. در این شب حَیرانی و گمگشتگی فقط باید خُنیاگر باشی، بیت خوانی کنی و دریا دل باشی، تا بتوانی بر امواج برانی تا بَرِ دوست. (سازش را بر می‌دارد و می‌خواند.)

دیشب که تو از مهر و وفا، مهر و وفا آمده بودی، آمده بودی
دیدم که به از ماه تمام، ماه تمام، آمده بودی، آمده بودی
گویا ز فلک ماه به زمین آمده امشب، آمده امشب
چون دیده گشودم تو به ما ،تو به ما آمده بودی، آمده بودی

تا شمع شب افروز رُخت خلق ببیند، خلق ببیند
دیشب که تو از مهر و وفا، مهر و وفا آمده بودی، آمده بودی
دیدم که به از ماه تمام، ماه تمام آمده بودی، آمده بودی

رها شایگان: راستی بهت بگم دولتمند، جمیل یا شیدا؟

جمیل: جمیل از وقتی شیدا شد، جمیل شد و دولتش پایدار. شیدا اعتبار من است. حال هرچه بگویی همانم.

رها شایگان: اعتبار از چی؟ از کی؟

جمیل: این لقب به سبب ارادت است برای کسب اعتبار از یَک بزرگ استاد غلام محمد دستگیر شیدا. درکوچه و خرابات کابل آوازخوانی می‌کرد. آن‌قدر مست و شوریده غزل‌خوانی می‌کرد که حالت جنون به او دست می‌داد. معروف بود به غلام دستگیر دیوانه. زمانی که فرقه مشیر عبدالرحمن خان سمت قشون هرات را داشت، غلام دستگیر هم جهت خوشی مدعوین در میله زیارت شیدایی، هنرنمایی می‌نمود، همان‌جا با الهام از زیارت شیدایی، تخلص شیدا را به خود گذاشت. او شیدا شد و من شیدا شدم. آن وقت بود که پیدا شدم.

پیدا شدم.
پیدای ناپیدا شدم.
من او بودم.
من او شدم.
با او بودم.
بی او شدم.
در عشق او چون او شدم.
زین رو چنین بی‌سو شدم.

رها شایگان: جمیل! حکایت این زندگی چیه؟
جمیل: حکایت زندگی را هنوز نیافتم خواهرجان، اما حکایت زندگی قوم ما مثل یک داستان خوشمزه است. یک هوتلداری بود که وقتی مسافری آنجا درحال نوش جان کردن غذا بود که یک موی بسیار بلند که مثل مار دور تا دور غذا پیچیده بود، نگذاشت قاشق غذایش را بلند کند. مسافر به صاحب هوتل گفت وطندار ما بین غذایتان یَک مو است. صاحب هوتل گفت شما غذایتان را نوش جان کنید که سرد نشود. مَه خود او موی ره ده یک جای بلند. می‌مانم تا صاحبش تحویل دهم. راستی این رفیقمان کجا شد؟
رها شایگان: کی؟ مگه غیر از منو تو کسی اینجا بود؟
جمیل: جانت جان، یَک تن گُم گشته دیگر. یک مرغ مهاجر دیگر.
رها شایگان: فرق ما با مرغهای مهاجر در اینه که انسانها تونستند طی چند دهه در هر شرایط جغرافیایی متفاوت بروند ولی برای جانوران جغرافیایی باید زمان طولانی تغییر می‌کرد تا توانایی زیستی داشته باشند، اولین مهاجرت انسانها هفتاد هزارسال پیش بوده. با عبور از باب مندب که از آفریقا، از طریق تنگه هرمز وارد ایران شدند. دومین مهاجرت هم از هفت تا پانزده هزار سال پیش در دوره سنگ، دوره سوم، تمدن نجوم و فلز و تقویم در هزاره‌های اول و چهارم خورشیدی ایرانی بوده، چهارمی هم نیمه هزاره هفتم خورشیدی ایرانی.
جمیل: مهاجرت برای قومی رسیدن به آمال است و برای قومی دیگر کابووس هولناک رنج و فِراق. هَزار، پَشتون، تاجیک، اُوزبَک... هر یک به کار خود مشغول، که از دلِ که خبر دارد.

بیگانه کجا، دوست کجا می گردد؟ این است انسانیت؟ وقتی طمع سرازیر می‌شود، آن وقت فیرها هاوان می‌شوند و اقوام لیلان، سر و سینه کودکان و زنان چَلَنی چَلَنی، دستهایمان پیش سیال و ناسیال چهار پلاق می‌شود. آدمی چه کُند در این هزاره حیرانی؟ هی وطن... هی... هی... تَنِ یک تَن... (ساز بر می‌دارد و می خواند.)

رفتی از خویش و کف پای که را بوسیدی
ای دل پاک گناه تو خوشم می‌آید، خوشم می‌آید
گردش چشم سیاه تو خوشم می‌آید، خوشم می‌آید
موج دریای نگاه تو خوشم می‌آید، خوشم می‌آید
همچو مهتاب که بر ابر حریری تابد
تن و تن‌پوش سیاه تو خوشم می‌آید، خوشم می‌آید
بس که در آتش هجران کسی سوخته‌ای
اشک جان‌پرور و آه تو خوشم می‌آید، خوشم می‌آید

(رها شایگان پشت میزش می‌نشید و جمیل را نگاه می‌کند و عکسهایش از لپ‌تاپ بر پرده می‌اندازد. عکسهای که نشان از آوارگی اقوام و طایفه‌ها در طول تاریخ است و ناگهان به تصویر شمیل می‌رسد و آن را بر پرده نگه می‌دارد. توجه جمیل بر تصویر می‌ماند.)

جمیل: هی داد اینکه همین رفیق شفیق هم‌گریز نیمه شبانِمان است. گفته کردم برایت که ناگهان ناپیدا شد؟
رها شایگان: (رو به تماشاگران) حالا چه جوری این زمانها را به هم وصل کنم که بتونم جواب جمیل را هم بدهم؟ کار

سختیه اما چاره ندارم. بهترین روش صراحت بدون توضیحه. (رو به جمیل) دوستو همکار من بود در چندین سال پیش. رفیق بودیم و همکار و همکلاسی. روزهای خوبی داشتیم، چه توی دانشگاه، چه در زمان کار. شده بودیم مثل فامیل. هر روز به خاطر کارمون که شده بود همدیگه رو می‌دیدیم، قرار بود با هم یک کار مشترک در زمینه اقوام مهاجر بسازیم اما یک دفعه همه چیز به هم ریخت. اون مجبور شد بره به کشورش و کار ما هم نصفه نیمه موند. خیلی وقته که ندیدمش.

جمیل: ای دل غافل کجا بودی؟ کی آمد و کی شد؟

رها شایگان: (رو به تماشاگران) چه جالب شد، خب اینم خاصیت این نوع نمایشه. جمبل پذیرفت، پس شما هم بپذیرید. شمیل فیلم‌ساز بود و عکاس، اهل سوریه، قُنَیطَره به دنیا اومده بود. در بلندیهای جولان، هفتاد کیلومتری دمشق، آخرین بار که دیدمش سه سال پیش بود. دیگه بعد از اون هیچ رَد و نشونی پیدا نکردم، فقط یک دی‌وی‌دی، یک سَنَد، دوست داری ببینی؟

جمیل: خواهر جان، تو که هر چه می‌خواهی بر ما نمایان می‌کنی و برصفحه می‌نشانی. حال چه بااختیار چه بی‌اختیار، بفرمایید بامیل.

رها شایگان: (رها شایگان به طرف لپ‌تاپ می‌رود ولی قبل از پخش با تماشاگران رو در رو می‌شود.) راستی داستان زندگی رو کی برای تک‌تک ما می‌نویسه؟ خداوند؟ مردم؟ محیط؟ هگل می‌گه دنیای خارج طبق آنچه که ما می‌بینیم و درک می‌کنیم وجود نداره. ما فقط نشانه‌هایی را دریافت می‌کنیم و تحلیل و استنباط رو اصل قرار می‌دیم. پس زندگی و درک و آمال

و آرزوهای ما از نشونه‌هاییه که از عالم اخذ می‌کنیم. برخی هم می‌گن که خدا داستان زندگی ما رو می‌نویسه. خداوند داستان‌گویی رو به ما تفویض کرد ولی فقط یک اصل رو در داستان سرایی بر ما مقرر کرد که عین عدالته و اون پیروی تمام اجزاء داستان زندگی طبق اصل علت و معلول و عاری بودن داستان از خیال و فانتزیه. خداوند عالِم قاهر تمام اصول علت و معلوله. بیایید کمی حوصله به خرج بدیم و این سند، نه، این امانت، نه، شرح تصویری داستان شمیل رزاقی رو به قول جمیل دولتمند، شیدایی در این روزگارِ حیرانی ببینیم.

(تصاویر را به حرکت در می آورد، احمد جمیل شیدا پای پرده می‌نشیند و خیره می‌شود، تصاویر جان می‌گیرند، شمیل رزاقی عکاس و مستند ساز اهل سوریه در نمایی بسته رو به تماشاگران حکایت سر می دهد.)

تصویر شمیل بر پرده: (ترجمه انگلیسی در زیر تصویر حک می‌شود.) من شمیل عبدالصاحب رزاقی هستم اما نمی‌دانم تا چه زمان هستم. زمانم در گرو سفری است که در پیش رو دارم. از شما که الآن مرا می‌بینید سپاسگزارم، تعداد فرق نمی‌کند، اصل دیدن است. حرف من قصه‌ای هست که نه تنها به چشم دیدم که هر روز با آن مواجه هستم. نه من که نسل من، بیش از سی هزار پناهجو در مدت ده ماه و نزدیک به هفتاد هزار آواره سوریایی. فاجعه ازدواج دختران نابالغ سوری با مردان اروپایی به منظور مهاجرت. ناامنی، گرسنگی و فقر. زمان حال ما نمایشگاهی از گذشته‌مون می‌شه و ما

بدون تغییر و بدون تاریخ گذشته‌مون رو در زمان حال زندگی
می‌کنیم. داستان من قصه مادران سرزمینمه، هیلین، مریم،
آنسه، ثمینه، حنانه، رانیا و سامیرا... سامیرا... سامیرا...

(تصویر محو سامیرا در کنار شمیل بر پرده نقش می‌بندد و
همه مادران گم گشته به دنبال فرزند.)

دخترم، مادرم، وطنم
تو آخرین سرزمینی
باقی مانده در جغرافیای آزادی
تو آخرین وطنی هستی که از ترس و گرسنگی ایمنم می‌کند.
و میهنهای دیگر مانند کاریکاتورند.
شبیه انیمیشنهای والت دیسنی
و یا پلیسی‌اند.
مثل نگاشته‌های آگاتا کریستی
تو واپسین خوشه، واپسین ماه
واپسین کبوتر، واپسین مرکبی هستی که بوییده‌ام
پیش از هجوم تاتار.

ترجمه:

I am Shamil Abdul Sahib Razazaghi, but I don't
know how long I might live. The time depends on
the journey that is ahead of me. I am grateful to you
for watching me now. Quantity doesn't matter; the
intention is to observe. What I say is the story that
I haven't only seen with my own eyes, but also have

faced it every day. Not only me, a generation with over thirty thousand refugees in ten months and about seventy thousand displaced Syrians face it. The tragedy of Syrian immature girls is where they have to marry European men just for migration or to get rid of insecurity, hunger and poverty.

Our present is an exhibition of our past. And we are living like the past, without any changes, without regard to the history.

Now, it's not the time for sinking into the marsh of essences. My story is about mothers in my homeland: Hilin, Anese, Samine, Hannane, Rania, and Samira... Samira... Samira, my daughter, my mother, my homeland, you are the last motherland, survived in the geography of liberty.

You are the last home that secures me from fear of hunger.

And other lands are like caricatures; like the Walt Disney's animated cartoons, or the detective ones; like Agatha Christie's stories.

You are the last cluster, the last moon, the last pigeon, the last roadster I've been ever scented before the Tatar invasion.

(در میان تصویر و صدای شمیل او کم‌کم محو می‌شود و در

میان هاله‌ای از غبار سامیرا پدیدار می‌شود. زنی با چهره‌ای تکیده و زجر کشیده، رو در روی ما قرار دارد.)

تصویر و صدای سامیرا بر پرده: (ترجمه در زیر تصویر حک می‌شود.)
اَنا اِمرَاَةٌ، جوُبین، لافِین، اَطهَر، حَدیقَه، مِیسا، نیروانا.
اَنا سامیرة.
اِمرَاَةٌ، اُمٌّ.
اَنا اِنسانٌ، طالبٌ لِلجوءِ مِن رِقَّه،
دِیرالزوُر، حَلِب، اَللاذِقیهَ، حَمَص.
اَنا اِنسانٌ، طالِبٌ لِلجوءِ،
دَمَّرَ بَیتی، لَقَد نَزَحنا اَنا وَ اُسرَتی،
لَم جِئتُ الهَربِ،
جِئتُ اِلی المَلجَأِ الهُدوُءِ الاَمنِ.
کانَ اَرجُلُنا قَرَّرَتِ الفَرارِ،
وَ اَصبَحَتِ الفَتیاتِ مِن اَرضِی حَمِلُن دوُنَ الوَقتِ وَالرِضا،
دوُنَ مَعرِفَهِ کَیفِیَهِ التَعامُلِ مَعَها فِی هذِهِ السِنّ الصَغیرِ.
اَلاِنتِحارُ، بِسَبَبِ عَدَمِ التَسامُحِ وَالمَعصوُمِیَهِ.
اَلعَدو،
یَذکَرُ الاَعداءُ اَسبابَهُم فِی فَتوی، حَولَ مِلکِیَهُ الاَسری.
فَقَدَ الآباءُ حَیاتِهِم،
وَ دَفَنتُ الاُمَّهاتُ تَحتِ الاَرضِ
مِنَ الجوُعِ وَالتَعَبِ الطَریقِ،
وَالعارِ وَالخِجِلِ الَذی سَبَّبَتَهَ النُظرَهِ الشائِنَه.

ترجمه: من یک زنم، ژوبین، لاوین، اطهر، حدیقه، مایسا، نیروانا.
من سامیرا هستم.
یک زن، یک مادر، یک دختر.
من انسانم، یک پناهجو، اهلِ رَقه،
دیرالزور، حلب، لاذقیه، حَمَص.
من یک انسانم، یک پناهجو،
خانه‌ام ویران شد. خود و کسانم آواره،
به قصد فرار نیامدم،
به قصد پناه آمده‌ام. آرامش، امنیت.
پایمان به ناگزیر به گریز شد،
دختران سرزمینم بی‌وقت و بی‌رضا باردار شدند،
بی‌آنکه بفهمند چگونه با سِن کمشان با آن مقابله کنند.
خودکُشی به دلیل عدم تاب و تحمل و معصومیت.
دشمنان،
دلیلشان را به فتوایی بر مالکیت بر اُسرا استناد می‌کنند.
پدرها از دست رفتند،
و مادرها به زیر خاک شدند،
ازگرسنگی و خستگی راه،
و فرط شرم و سرشکستگی نگاه‌های سرزنش‌آلود.

(سامیرا در غبار گم می‌شود و جایش را به زنی دیگر می‌دهد.)

حَنانه مُرسل: (ترجمه در زیر تصویر حک می‌شود.)
اَنتَ آخَرُ زَهرالوَردُ ماکُنتُ اَشمَمتُ حَتیالآن،
قَبلَ نَهایَةِ مؤسِمَ‌الزُهور.

وَالکِتابَ الَاخیرَ قَرَأتُ،
قَبلَ حُرقِ الکِتاب.
اَلکَلِمَهُ اَلاخیرَهُ اَلّتی کَتَبَتها،
قَبلَ وُصولَ الحُجّاجَ الفَجرِ.
وَالحُبُ الَاخیرُ الَذی اَعرِبُ عَنِ الرَجُلٍ،
قَبلَ اِنتِهاءُ الُانوُثَهُ.
اَنتَ کَلِمَهُ اَلَتی اَبحَثُ عَنها،
مَعَ المُکَبِّراتٌ فِی القَوامِیس.
ترجمه: تو واپسین شکوفه‌ای هستی که بوییده‌ام،
پیش از پایان دوران گُل.
و واپسین کتابی که خوانده‌ام
پیش از کتاب سوزان.
آخرین واژه‌ای که نوشتم،
پیش از رسیدن زائران سپیده.
و واپسین عشقی که به یک مرد براز داشتم،
پیش از انقضای زنانگی.
واژه هستی که با ذره‌بینها در لغت نامه‌ها به دنبالش می‌گردم.

(حنانه در غبار گم می‌شود و جایش را به زنی دیگر می‌دهد.)

طهوره ماجد بشیر: (ترجمه در پایین تصویر حک می‌شود.)
اَینَ کُنتُ عِندَما حَمِلَ «جوُرجیت خوُری» اَلسِلاحُ وَ اَنضَمَت اِلَی جِبَهاتِ القِتالِ.
«سَلیم جِبالین» یَطبَخُ الطَعامِ لِلیَتامی.
«خوُری اَلحَسکِه» یُلحِقُ اِلَی النِساءِ الآشوریون.

لَم تَرَ نَفسَهُ اِمرَأَةٌ مُنذُ اَن اِرتَدی «خوُری» زِيّه العَسكَرِي.
اَصبَحَت «هَنيَه» اُمٌ لِثَلاثَهِ اَطفالِ الاَيتام،
وَ مَرَّةً اُخری، لَم تَستَطِع اَبَداً مُعانِقَهَ اَطفالُها.
«سَليم جِبالين» فی الثامنه والعشرين من عمره،
قَبلَ ثَلاثَ سَنَواتٍ، هَرَبٌ مِن حَيّ الاَرتابِ بِضواحِی حَلَبَ الغَربِيَّهِ
اِلی لُبنانَ مَعَ اَطفالَهِ الثَلاثَهِ دوُنَ سِنِ الثامِنَه.
عادَت اِلی غُرفَتُها وَ بَكَت،
اِنَّما لَم تَستَسلِم.
نِساءُ بِلادِی بَعدَ وَفاهُ اَزواجَهُنَّ وَ فِراقُهُم،
لَهُم اَصبَحُنَّ عَرضَهٌ لِلخَطَرِ وَالعُنفِ لِاِنقاذِ اَطفالِهِنَّ،
وَ قَرَّرنَ طَوعاً تَحَمَّلَ مَشِقّاتِ التَشَرُّد.
ترجمه: تو کجا رفتی زمانی که جورجیت خوری به ناچار تفنگ برداشت و به رزم رفت،
سلیمی جبالین آشپزی یتیمان می‌کند.
خوری الحسکه به زنان آشوری می‌پیوندد.
خوری از زمانی که لباس رزم بر تن کرد دیگر خود را زن ندید.
هانیه مادر سه فرزند پدر از دست داده شد
و دیگر هیچ‌گاه فرزندانش را در آغوش نکشید.
سلیمی جبالین بیست و هشت ساله،
سه سال پیش از الاتارب در حومه غربی حلب به همراه سه فرزندش که زیر هشت سال بودند به لبنان گریخت.
به اتاقش برگشت و گریه کرد،
اما تسلیم نشد.
زنان سرزمینم بعد از مرگِ همسران و دوری
از قرار گرفتن در معرض خشونت و نجات کودکانشان در

مشقات جنگ
و افتادن به دام خشونت داوطلبانه آوارگی را انتخاب کردند.

(طهورا در غبار گم می‌شود و سامیرا حکیم جایش را می‌گیرد.)

سامیرا حکیم: (ترجه در پایین تصویر حک می‌شود.)
اَلیَوم، کُلُّ ما اِحتِیاجی هُوَ اَن سَأَتَّصِلُ بِکِ بِاسمِکِ.
وَ حَریصٌ عَلی تَسمِیهُ آحادَالحُروفُ اِسمُک.
مِثلَ الطِفلٍ یَتوُقُ اِلی قِطعَهٍ مِنَ الحَلاوَهِ الطُحینیهِ.
لِسَنَواتٍ عَدیدَهٍ، اِسمُکَ لَیسَ عَلَی الرَسایِلِ.
لااَحصَلُ الحَرارَهِ مِن دَفئِهِ وَ حَرارَتِهِ.
وَلکِنَ الیَومِ، فِی غَزوِ الشتاءِ،
وَالنَوافِذُ الحِصارِ،
اُریدُ اَن سَأَتَصِلُ بِکِ بِاسمِکِ.
سَوفَ اَضیءُ النارَ قَلیلاً،
اِرتِداءُ شَیءً،
وَ نَطلُبُ مِنکَ اَن تَکونُ حاضِراً،
یا ثِیابَ المَنسوجَهُ مِنَ الزَهراتِ البُرتِقالِیهِ و زَهورُالاَسهُمِ.
ترجمه: امروز همه نیاز من این است که تو را به نام بخوانم.
و مشتاق حرف حرفِ نام تو باشم.
مثل کودکی که مشتاق تکه‌ای حلوا است.
مدتها است نامت بر روی نامه‌ها نیست.
از گرمی آن گرم نمی‌شوم.
اما امروز در هجوم اسفند
پنجره‌ها در محاصره

می‌خواهم تو را به نام بخوانم.
آتش کوچکی روشن کنم، چیزی بپوشم و
تو را ای ردای بافته از گل پرتقال و
شکوفه‌های شب‌بو ، احضار کنم.

(سامیرا در غباری محو می‌شود و به جای تصویرش کودکان و زنان آواره‌ای را می‌بینیم که برای تکه‌ای نان دست دراز می‌کنند و پشت سیمهای خاردار خیره بر دوردست به انتظار می‌ایستند. رها شایگان از جایش برمی‌خیزد رو در روی تماشاگران قرار می‌گیرد. می‌خواهد چیزی از روی کاغذها بخواند. منصرف شده و کاغذها را به کناری می‌گذارد.)

رها شایگان:
من آدمم، فرزند آدمم، بابای آدمم، من آدمم؟
دیروز به جرم یک هوس، پدر از پردیس رانده شد.
مادر هنوز در بسترش، عزادارِ وسوسه است.
من آدمم که بیهوده بر خاک می‌دوم؟
دیروز روح گل از جانِ ساقه رفت.
من ماندم و حیرت این گفتگوی ناب.
فریادِ باد، رنجِ زمین، افسوس باغبان
وقت عزا که شد، دیدم آدمم.
می‌خواهم اعتراف کنم، دیده‌ام به چشم
مردی تمام سطلهای زباله را بو کشید و رفت.
شاید که نان کپک زده‌ای را به سَق زَنَد.
و من با شاطر محله، دو سه ساعت گپ زدم، من آدمم؟

من آدمم، ساکن کوی نیاز و خشم
با کیف دستیِ کبر و غرور و مهر
معجونی ازسکوت و هیاهو، کینه و عشق و نقاب
بازیگرم، با قلبی از سنگ در نقش شیشه

جمیل: خواهر جان، همه ما یک روز یک دنیای آشنا را ترک گفتیم، آغاز از بطن مادر به این دنیا پا گذاشتیم، ما به تَلَک افتادیم در این دنیا به وسوسه دِپ شاهانه میوال شدیم به حسرت گذشته. غریب شدیم و تنها. غریبه با تنهای عشق بازی می‌کند. می‌رویم تا رها شویم، اما این بار رهایی حس حسرت گذشته است. ای تقدیر نامراد! (رها شایگان رودرروی تماشاگران می‌ایستد. جمیل در سیاهی می‌خواند و گم می‌شود.)

همش درد، همش رنج، همش غم
همین قسمت من بوده از عالم
همش گوشه‌ای به تنهایی نشستن
همش شبهای بی‌امید شکستن
بچه نشو ای دل عشقو فراموش کن
تا نشوی رسوا حرف مرا گوش کن
بسه دیگه بسه دیگه سوختم
شعله رو خاموش کن، شعله رو خاموش کن

رها شایگان: این جور که مسئولین سالن به من اشاره می‌دن زمان گزارش امشب برای من تموم شد. البته، فقط امشبو برای منو شما. اما گزارش همچنان ادامه داره حالا می‌تونید موبایلهاتونو روشن کنید و گزارش رو بفرستید. گزارش از منطقه صفر. سپاس از حضورتون.

پایان
آبان‌ماه ماه ۱۳۹۶
محمد حاتمی